Manual
paranovolver

Poemario

Benjamín Alejandro **Cervantes**

Manual para no volver
Benjamín Alejandro Cervantes Pérez

Editora: Mariana Alejandra Pérez Franco
Ilustración de portada: Jacqueline Muñoz
Diseño de interiores y portada: Edith Jiménez Garibaldi

ISBN: 978-607-29-1316-5

Manual
paranovolver

Poemario

Benjamín Alejandro **Cervantes**

"… nada está perdido si se tiene por fin el valor de proclamar
que todo está perdido
y que hay que empezar de nuevo".

Rayuela

Prólogo

En esta travesía que es la vida, navegamos por mares tranquilos o temperamentales. Estos viajes nos llevan a puntos sin retorno y a veces nos es sencillo no mirar hacia atrás.

El devenir, para nuestra fortuna, nunca es así. En ocasiones nuestra alma está en llamas, como Sodoma tras la ira de Dios, y nos vemos obligados a huir y dejar atrás todo: afectos, amores locos, nuestros libros favoritos, la música que solíamos escuchar y la antigua imagen que teníamos de nosotros mismos.

¿Cómo hacerlo, cómo dejar atrás lo que era parte nuestra? *Manual para no volver* es un compendio de reflexiones acerca de esos procesos tan complicados en la vida humana. Benjamín Cervantes, a través de la poesía, transita en los oscuros caminos del desapego y nos lleva de la mano en tal empresa.

Zafarse, liberarse, solo es posible en la medida de que nos permitamos mirar atrás de vez en cuando. Ver el dolor a la cara e identificar cada uno de sus gestos, memorizarlos… Convertirse en estatua de sal, como la mujer de Lot, o verse reducido a cenizas para tomar conciencia de qué tan destructivo fue el camino.

Luego, levantarse. Resurgir de las cenizas para seguir caminando y, en cada parada y cada mirada hacia atrás, ver el dolor más y más lejos.

Este poemario fue escrito en ese camino. Cada texto es una huella de la senda de Benjamín, que es, a final de cuentas, la de todos nosotros.

La editora

Presentación

Este poemario tiene la intención de abrirse a aquellas personas que recorren o han recorrido un camino espinoso en su vida: la ruptura de una relación profunda. Sabemos que en el camino no hay regreso, así que no tenemos más remedio que caminarlo con nuestro cuerpo a cuestas.

El camino que les comparto es para demostrar, sin esperanzas falsas, que el duelo, cuando se deja una relación profunda, es un proceso difícil pero necesario, que los seres humanos necesitamos aceptar y vivir la vida tal como es, con sus miedos, enojos, tristezas y alegrías, sin escapar a través de cosas, momentos, recuerdos o personas para evadir la soledad y el crecimiento, indispensables para la vida plena. El proceso no es lineal, son altibajos y pasos en retroceso, pero la persona que tiene la valentía para caminar hasta el final merece todos los honores.

Manual para no volver se escribió a lo largo de varios meses. El nombre no solo implica la imposibilidad de volver a una relación destruida, sino a ser lo que fuimos nosotros mismos, a ser lo que creímos ser. El proceso más doloroso no es soltar a la persona que se va, sino soltar la imagen que falsamente construimos de nosotros mismos en esa relación, con esa persona. Reconstruirnos es valeroso.

Este proyecto a través de poemas está lejos de ser literario en el sentido más serio de la palabra; es respetuoso de los verdaderos poetas contemporáneos. En cierta forma, me siento un impostor al llamarle poemas a mis escritos. Pero el llamado a escribir y compartir es grande, y no quise dejarlo de hacer.

Les dejo este pequeño librito con la esperanza de identificarnos y comunicarnos donde quiera que lo lean. Construir un puente entre nuestros dolores humanos.

Van abrazos.
Benjamín.

Poemario

Espera

Mujer nube.
Mujer de sueño.
Mujer apenas visible.
Mujer premonición.
Mujer que te espero.
Mujer que te busco en vidas equivocadas.
Mujer escondida de mi inconsciente.
Mujer resistente.
Mujer risueña.
Mujer siempre esperada.

¿Dónde te espero?
¿En el concierto de Silvio sentado en la banqueta?
¿Dónde me esperas?
Seguro llegarás cuando menos te necesite,
cuando menos te busque,
cuando mis versos ya no hablen de amor,
sino de cosas inciertas.
Entonces vendrás,
y vendrás alegre,
llena de tanta belleza,
llena de gozo,
llena de mundo
a contarme despacio en el oído:
no tengamos prisa
que la eternidad nos aguarda.

Golpe de realidad 1

Te pusiste a volar de repente
y con desesperación, que preferiste dejarme.
No entendí tu abandono.

Entonces me levanté y caminé;
cansado de haber corrido
y lastimado de haber caído
contemplé mejor el camino.

Por cierto, te dejé una nota:
      "sé que a tierra regresarás,
       sé que el nido extrañarás,
       y sé que te dolerá saber que ya no estoy".

Golpe de realidad 2

Todo me duele, como si todas las cosas
del mundo en que habito
estuvieran hechas de esencia tuya
e hicieras falta a las cosas.
Le haces falta al asiento del copiloto,
a la música que no criticas,
a los pasos que doy solitarios,
a mi adicción de mujer inestable,
al espejo que hiciste pedazos.

Qué bueno que te fuiste,
porque si no hicieras falta,
las cosas en las que ya no estás
estaríamos condenadas a vivirte.

Duelo

El duelo duele y pesa, pero pasa.
Uno debe cargar con su cuerpo a todos lados,
recibir recuerdos como lanzas en el corazón
que nos advierten que alguien falta,
que la rutina sucede con hastío.
El aire es denso. El caminar es lento.
La mirada busca un rostro familiar entre el gentío.

Tu sabiduría milenaria comprende que en la vida
no puede haber marcha atrás,
así que caminas y buscas.
Crecer duele: en los huesos y en el alma.

La mariposa es la consumación del gusano
que se tuvo que arrastrar, encerrarse,
sufrir el parto de sus alas.
La mariposa no desea regresar a ser gusano
solo porque es lo que conoce,
tú por qué querrías hacerlo: vuela.

Golpe de realidad 3

Qué bello fue que te pusieras a inventarte
una imagen de mí cuando te fuiste
ajena a esta realidad que soy.
Allá me ves transgresor,
insensible, fuerte, ganador.
¿Te molesta que no lo sea?
Tu miedo a perder en el amor
te hizo ver lo que no soy.

Escribirse

Uno no escribe sino para uno mismo.
Escribirse es encontrarse. Leerse es reconciliarse.
Escribir las maravillas que pasan en la vida,
incluso las maravillas de la oscuridad.
No quemar lo que fuiste, aunque estés siendo.
Tener los pies en la tierra, la cabeza en el cielo.
Recordarte de qué estás hecho.

Tengo derecho a escribirme y no quemarme.
Tienes derecho a no escribirte y quemarte.

Oscuridad

Soy una persona ordinaria.
Llego a casa de noche.
Me descalzo. Sueño.
El día comienza
y me pongo de azul oscuro.
De azul oscuro regreso a casa.
La ansiedad pinta los días.
Soy una cárcel del pájaro azul.

Golpe de realidad 4

"No es nada de tu cuerpo…
[son] estos mis brazos tercos."
J. Sabines.

Pensándolo bien,
no extraño nada de ti,
extraño todo de mí.

Extraño hacer las compras
      tirarme en la cama
            hacer el amor
                  enamorar.

Extraño tomar de la mano a una mujer
      reconocerme en una mirada
            sentir unos pechos sudados
                unas nalgas frías
                    enamorado.

Resumiendo: no es nada de ti.

La marea

Pasar el dolor. Despertar sin rencor.
Caminar ya sin llorar y la risa retomar.
Comenzar a vivir en paz sin aquello que ya no está.

Es el cuerpo que se prepara para la marea
de recuerdos y aniversarios dolorosos.
Caminar y recordar. Reír y recordar.

Digamos que el tiempo es sabio:
la marea debe fluir para poder concluir,
el fondo marino lo renueva todo.

Noche cualquiera

Esta noche no pasará nada.
Con los brazos embrocados
será otra cualquiera,
intentando no recordarte
ni verte detrás de mis párpados.

Esta noche pasarás de todo.
No podré felicitarte.
¡Es tu cumpleaños!
Que los cumplas feliz.

Reinventarse

Cuando te dejé, se acabó mi mundo,
ese mundo en que todo se conectaba a ti,
principio y fin.

Es momento de reinventarse un mundo nuevo,
en una de esas me sale mejor.

El último regalo

Este es mi último regalo:
me esfumaré de tu vida,
haré que la tierra me trague,
me moriré para ti y para siempre
sin reclamar.

Quiero evitar vuelcos de tu corazón:
no quiero que creas que me ves
entre la multitud de Coyoacán;
cambiaré de auto por si nos cruzamos;
no regresaré a los lugares
en donde amamos la vida;
si la perra me reconoce en la calle,
haré que se espante de mí;
no quiero siquiera una foto mía
en ese mundo ficticio de las redes sociales.
Seré un mito en tu vida,
un recuerdo que se esfuma
para tus nuevas alegrías.

No quiero que sepas de mí,
me lastimaría que lo hicieras,
porque este amor tiene que morir,
lo tenemos que incendiar,
es una hierba que se nos aferra al corazón
y se nos está secando.

El depa

Que por qué te dejé el depa
si solo voy a estarme quejando,
me pregunta la terapeuta.

Ella no sabe las reglas del juego:
tenías que quedarte con mis demonios
para que me conocieras mejor.

Esto es un juego sucesivo,
porque antes de que tú llegaras
me tuve que enfrentar
con los demonios de otra mujer.

Es turno de que lo hagas tú
con mis demonios, sin mí.

Mi queja no es por ti ni por el depa,
es esto que tenemos que jugar,
todo lo que se deja para ser,
lo que se sufre para crecer.

Herida

Dicen que personas heridas hieren personas.
No es del todo cierto.
El hoyo que tenías como corazón,
aquel que se tragó todo lo bueno,
en realidad, me hizo mejor persona.
Me demostró mi capacidad para amar,
las múltiples formas que puedo intentar
para llegar al corazón de una persona.

Ya ves: tu herida me pulió.

Chequeo

Fui a ver a la doctora por un malestar estomacal.
Me recetó Ciprofloxacino y Metronidazol.
En la consulta me preguntó si tenía perra
y le conté de la Nina y que me daba besos
y le resumí nuestra historia
y que ya no las veo más.

Fue un chequeo del corazón:
ya no me dueles, solo la panza.

Hipótesis

Vendrá algo mejor.
No hay mal que por bien no venga.
Las cosas pasan por algo.

Estamos en la fase de las hipótesis.
Me urge la comprobación.

Transgresor

Qué fácil hubiera sido
pedirle que regresara,
rogarle por quedarme.
Qué fácil hubiera sido
escapar del dolor
engañando al corazón
con otros labios,
llenar el vacío provocado.
Qué fácil hubiera sido
seguir lo que dictan canciones,
poemas, deseos, impulsos.
— ¡Cuántas noches pensaba
en su cuerpo y me dolía! —
Qué fácil hubiera sido
culparla y vivir lamentando.

Pero todo eso me lo prohibí.
Cualquier camino que tomara
terminaría en el mismo punto
y había que romper las reglas.
Reinventarse. Destruirse.
Permitir arder el dolor
y el deseo de la miseria
que se va quemando.

Me quemo como el ave fénix,
desvaneciéndome para renacer
con toda mi alegría y limpio.
Solo así podría ser otro,
el que quiera, pero no el mismo.

Búsqueda 1

Limpia de Veracruz,
rugido de caracol en el pecho,
cuarzo para las vibras,
hierbazos en la espalda,
agua bendita rociada,
limpia con huevo en el cuerpo,
agujas de acupuntura,
chochos de homeopatía,
terapia, meditación, radiestesia.

Todo para entender,
retomar el camino,
recoger los pedazos
y estar completo de nuevo.

Algo florece

Algo florece en el centro de mi pecho.
Un cosquilleo que me hace sonreír.
¿Es que mi corazón encuentra alegre
la posibilidad de enamorarse de nuevo?

Viejo necio, le dice mi mente,
eres irremediable y no te soporto,
y mi corazón se pone contento y brinca.

Feng shui

Acerca tu cama
debajo de la ventana.
El feng shui se equivoca:
necesitas escuchar mi poema.

Mentira

Qué desazón esto de andar en la calle
y recibir todo el humo de los camiones.
Ver caminar enajenados a los peatones,
esperar la señal del semáforo para cruzar
y seguir pensando que en algún otro lugar
está tu cuerpo pasando por lo mismo,
y quizá diferente, con una sonrisa, enamorada
y cruzando semáforos y lugares nuevos.

Esto no me sirve, es cierto,
solo me hace daño seguirte pensando
mientras la vida me pasa,
y puede que no sea así, que estés jodida,
pero es el programa con el que me hicieron
el que me hace *nostalgiarte* y pensar así,
que el amor se fue contigo, aunque sea total mentira.

Temazcal

Tomo tus enseñanzas,
las recojo contento para agradecerte,
siento que es el final del camino.
Me acostumbré a llevarte
igual que una muleta, un amuleto.

Estoy seguro de que ya no somos los mismos,
no sé quién más bueno, quién más maduro.
Mi corazón germina como una semilla.

La reconciliación es lamerme la herida
— es absurdo que alguien quiera venir
a lamerte tus propias heridas —.
Fue muy grande la mía, lo sé.

El final del camino no implica
que te olvide de pronto y no duela,
que a la cicatriz no le brote llanto.
Pero es esto: un ritual de temazcal.

Búsqueda 2

Ritual de temazcal,
yoga terapéutico,
friega con alcohol,
cantos mántricos,
masaje tailandés,
pastillas de Prozac.

No te detengas,
no más abandono.

Basta

Ya no le escribas más.
No le tienes que demostrar nada a nadie.
Qué cagón es esto de compararse:
entre más busco el amor más se esconde;
un día encuentro una ilusión,
al otro día me estorba.
Si la misión es apearme en medio del dolor,
aquí estoy, no es mi intención escapar.

Amanecer 1

Voy a ponerme a adivinarte antes de que llegues.
Será tejerte un vestidito azul
con todas las cosas buenas que ya son de ti,
pero que mi alegría de ti quiere adivinar
para que solo tu cuerpo ocupe este espacio
en el que estarás cuando llegues.
Lo sé, lo siento, te siento.

Te inventaré un nombre para tener cómo
                              [llamarte: Amanecer.
Incluso tu nombre tiene que ver tanto conmigo
                              [como contigo:
estás llegando poco a poco con tu luz, belleza y alegría,
justo en el momento en que estoy despertando a la vida.

Prisa no tenemos:
te adivino en este momento tomando un café
y una sonrisa blanca y tierna.

Amanecer 2

Llevas una mirada limpia sobre tu rostro.
Unos ojos que hablan por sí mismos
y nos cuentan el amor que tienes por la vida;
el brillo y la paz de tus pupilas
me penetrarán para reconocerme,
serán como dos haces de luz que se encuentran
entre la mirada de tus ojos y los míos.

Nosotros, en cambio, estaremos serenos,
como satisfechos con nuestros caminos recorridos,
como triunfantes y merecedores el uno del otro,
orgullosos de las batallas de nuestros cuerpos
y con el pecho hinchado de amor qué regalarnos.

Amanecer 3

He de confesarte algo:
no conozco el amor antes de ti.
Lo que viví con intensidad
fue un arduo aprendizaje
de todo lo que no me sirve:
no me sirven los celos, los miedos,
la transigencia de la libertad,
las venganzas, la violencia,
no me sirve.

Me estoy curando de mi herencia
para recibirte, ahora que vienes,
tan pleno como tú.
Tú te mereces la paz, la confianza,
el amor, la madurez
y la alegría que me nace darte
desde ahora en que no has llegado,
porque la noche me dice
que toda tú eres eso
y te merezco también.

Amanecer 4

Me atraerás como la Tierra a la Luna.
Yo te moveré todo tu oleaje por dentro.
Tendrás urgencia por recorrer cada parte de mi cuerpo,
abrazarte en él y querer fundirte a través de nuestros
[sexos.
Yo no tendré escapatoria,
perderé toda calma entre tus pechos y tus labios,
deseando tener más de una boca para beberte
[de todos lados.
Nos entregaremos como si la vida se terminara
[en esos momentos,

tan libres de un lado a otro,
tan llenos de gozo y sin vergüenza,
desnudos de la piel y del corazón,
en éxtasis, trascendiendo tu nombre y el mío,
no sabremos de nosotros
y todos los pasos que dimos antes de encontrarnos
por fin tendrán sentido.

Amanecer 5

Ayer me estuve observando, Amanecer, y no soy
                              [tan impecable.
Mi cuerpo sufrió un aniversario de duelo y estuve
                              [en cama varios días.
Es como una parte de mí que quiere seguir siendo
                              [lo que ya no me sirve,
y por eso se tira, hace berrinche, se enferma y entorpece
                              [la vida.

Pero soy humano y eso no me da vergüenza.
No te quiero vender una imagen de mí que no soy:
                              [tengo pasado,
heridas que estoy sanando, un niño abandonado en mi
                              [interior,
un diablo que me dice: "ve, hazte daño, busca la miseria".

Pero yo me resisto a la tortura de mi memoria. Le digo que no,
le doy un manazo y le hablo de ti, de los buena que eres
                              [para mí,
que te esperemos pacientemente sentados en la banqueta
como un niño mirando hacia la esquina del amanecer.

Esto soy, Amanecer, un hombre con defectos, pero
                              [comprometido,
que no renuncia, que sigue caminando por más tentador
                              [que sea
mirar hacia atrás para convertirse en estatua de sal,
de buen corazón y que acepta su humanidad sin engañar.

Amanecer 6

Tú eres la libertad encarnada en cuerpo de mujer.
Amo la libertad con que amas, te comprometes
[y dejas vivir.
¡Qué sensación esta de sentirme perteneciente a ti,
sin conocerte, mientras decides no venir!

Me estoy volviendo otra persona desde que
[te espero,
alguien nuevo, con los pedazos recogidos;
me estás dejando ser alguien mejor
y ya por eso te mereces toda la libertad que quieras.

Ven cuando lo necesites, me estás madurando.

Amanecer 7

¿Has escuchado los nocturnos de Chopin en días
                                    [lluviosos?
Son como el amor de madre que traes bajo tus brazos:
protectora, tierna, suave.
Déjame que me cobije con tus brazos imaginarios
                                    [mientras llegas.
Enrédame en ellos para protegerme del frío, del miedo.
Por esta noche, déjame ser hijo de tu costilla;
encárnate en mí para sentirme seguro:
acuéstate aquí a mi lado, desde la distancia,
hasta verme dormir.

Labranza

Para sembrar una semilla
la tierra es maltratada,
es removida de su tranquilidad,
se deshace adolorida.

La tierra es penetrada
por barretas, azadones, picos;
no tiene ninguna defensa
frente al sudoroso campesino.

¿Qué soy yo en este día
sino tierra removida, convaleciente?
Alguien me está sembrando
de algún modo y yo no entiendo.

Vendrán las lluvias que mojarán
la tierra y mi corazón
y las cosechas darán
sentido a estos días de dolor.

No detengas tu labranza, campesino,
aunque la tierra te grite,
aunque tus manos te duelan
y aunque yo no entienda.

Viernes

Las tardes de viernes resultan sumamente aplastantes
[en la ciudad.
Las calles se atestan, el esmog es denso,
al ruido de los organilleros le vale tu tristeza,
no tienes aire, no tienes espacio,
quieres correr y la multitud por todos lados.

Lo mejor del viernes llega cuando se está yendo.

Mudanza

Hacer las maletas de nuevo, comprar cajas,
meter todo lo que puedas de ti para mudarte,
encerrarte con cinta canela.

No hay mudanza en que no dejes algo de ti
en la casa de donde te mudas,
te mudas incompleto y así nos vamos repartiendo.

No hay mudanza en que no se muevan recuerdos,
en que no encuentres un calzón o un calcetín
de aquella persona que se cruzó en tu vida
hace dos o tres mudanzas atrás.

Acomodarte en otro espacio,
con la esperanza que representa comenzar de nuevo
y con la nostalgia del pasado.

De pronto te vas haciendo poco a poco el clóset,
el baño, las escaleras, el ruido de los techos.
Comienzas a ser y te completas de cierto modo,
hasta la próxima mudanza.

De la espera

De la espera te puedo decir
que al fin apaciguo mi ser;
no tengo prisa de que llegues,
tengo un tiradero qué recoger.

Perdón si te lo digo así,
sin vergüenza ni recato,
pero quiero que llegues bien
y veas flores en el jardín.

Eso de meter en tu vida
a personas que traen reguero,
es una lección aprendida,
no vuelvo a invitar desconocidas.

De la soledad te cuento
que descubrirse frágil y herido,
prefieres regresar el tiempo
a un momento placentero.

Me resisto a escapar,
estoy soy ahora mismo,
si me tengo que quemar,
conmigo muere lo sufrido.

Me gustaría recibirte fuerte,
pero si llegas antes de tiempo,
también podría disfrutarte
y andar los dos el camino.

¿Cómo pasar la tormenta?

¿Cómo pasar la tormenta sin ahogarse,
sin desesperanzarse de que el sol saldrá
y los pájaros volverán a trinar?
¿Asirse de Dios,
de algún recuerdo placentero,
de las promesas que los libros te venden?
¿Cómo saber que la soledad aplastante,
es el camino necesario hacia algún sitio mejor?
¿De qué manera me tengo que desarmar
para encontrar a mi enemigo,
abrirme las costillas, partirlas a la mitad
y tomarlo con ambas manos para que no escape,
o abrirme la nuca ardiente,
para sacarlo a puñetazos?

¿Si ahora muero, muere conmigo el sufrimiento
o me condenaría a repetirlo en otra vida?
¿Qué es la resurrección para un pobre hombre como yo?
Soy mortalmente vulnerable
y humanamente afectado.
Quiero bajarme del tren de la vida
y al mismo tiempo saber qué pasa si me quedo.
Esto soy: un ambivalente existencial.

Volverte a ver

Un paso arriesgado para el que busca cerrar ciclos.
Un pecado con penitencia que habrá que pagar.
Me gustaría ser como la Nina, que me encuentra feliz
y me pide que le aviente la pelota muy lejos,
que se distrae con un perro que pasa mientras te despido
y que se echa a descansar toda la tarde.

Me gustaría ser como tú, que no piensa tanto las cosas
                              [y decide verme,
que me pide un abrazo muy grande
y se va sin importar lo que sigue.
Aunque si no fuera yo, ¿qué sería de ti y de la Nina,
de los nuevos amores que buscan cosechar
                              [lo que sembramos?
¿Qué sería de mí si no fuera yo?
Por lo pronto, este poema no existiría,
estas lágrimas no serían de nadie.

Es el camino recorrido desde mi partida
el que me hace ver el bosque a lo lejos,
todo lo que fui y no me sirve, todo el horror quemado
y también todo lo bello que uno deja.

Pero volver a verte fue diferente,
con los ojos limpios del pasado,
con risas y jugueteando,
y ya no con tristeza ni con miedos.

Yo no sé cuál es el final de nuestro ciclo,
nuestra nueva morada, ni siquiera sé si seguiré aquí
                                    [mañana.
Pero al menos, si nuestra historia termina aquí,
este es el final más bello que pudimos darle.

Exorcismo

Abandona este cuerpo
no vuelvas más
llévate
tu dolor
tu violencia
tu miedo.

No le sirves a esta alma
recoge tus sombras
y dejar brillar
la luz
el amor.

Sigue tu camino errante
y que la vida
te perdone
y te ilumine
sin dolor
ni rencor.

Abandona esta mente
y deja que viva en paz
que duerma
y sueñe
y se enamore.

Deja libre a esta vida
que no te pertenece
devuélvele
sus fuerzas
su destino
y vete lejos.

Resulta

Resulta que no hay final feliz
de brazos de una mujer a brazos de otra mujer.
Que Amanecer tendrá que esperar,
puede que sea solo un tipo de nostalgia
que creció para no querer afrontar
que en realidad estoy desamparado
en los brazos de Dios
y la vida solo me tiene este camino
queriéndome dar una lección.
El siguiente ciclo donde recoja
los frutos, será después.
Resulta que sembrar es laborioso,
y tengo que dedicarme como un viejo ermitaño
a preparar el terreno en donde
habitaré mi nueva casa. Me gusta.
No renuncié, ni claudiqué
e hice las tareas de los libros de autoayuda.
Aquí es donde digo: "hágase tu voluntad",
porque estoy cansado y no entiendo nada,
no llega lo que estoy buscando
y el pasado me está alcanzando.
Es Saturno que atraviesa mi cielo,
la energía kármica que pago;

la injusticia a los buenos nunca ha sido entendida.
Todos los caminos te llevan al Prozac.
No me falta nada, pero el amor de mujer me falta
y por eso me siento incompleto.
¿Qué mujer me ha de encontrar
con la barba larga y la piel tostada
de este esperar bajo el sol?
La que llegue le daré pan y comida en mi casa,
la dejaré ser y le daré toda la libertad para irse,
así sabré que, si se queda,
se queda porque también me encontró.

Plegaria

Llamo a todos los ángeles
y a todos los santos,
a las almas que vagan en pena,
a los dioses que bajen también.

Convoco a mis amores del pasado
a Pamela, a Sabina, a Marlen
o lo que queda de ellas de las ruinas
que se rescaten un momento para asistir.

Imploro a la fuerza de mi alma,
a la alegría de mi niño,
a la convicción con la que al nacer
vencí a la muerte.

Quiero que nos reunamos para atestiguar
el destierro de un amor rancio
que mi vida aletarga
pretendiendo incrustarse como el que más.

Ustedes que me han visto olvidar,
que de las sombras volví con luz,
que la fuerza de la alegría en mi sonrisa
es más fuerte que cualquier tempestad.

Resucitadme de entre los vivos,
sopladme en el pecho parte de su vida,
al oído cuéntenme sus secretos
para desterrar a este muerto que se seca.

Raíz

Soy el fracaso más grande que he tenido.
Soy estorbo: quiero ser un mueble
para que nadie me moleste.
Viviría feliz sin dar un paso,
sin afectar al piso, sin pisar el pasto,
sin que a la hormiga aplaste,
ni a mi cuerpo, ni al prójimo.

Manual para no volver

Hay un miedo compartido
en todo aquel que amó
y salió demasiado herido
sin ganas de voltear a ver.

Las promesas en la basura,
las ilusiones destrozadas,
la ciudad devastada,
la confusión en su ser.

Se resignan a la pérdida,
evitan lugares donde amaron,
les da pena mostrar su herida
y caminan nuevamente solos.

Hablan con Dios y piden perdón,
buscan misericordia en su interior,
se guardan para vivir el dolor,
desaparecen esperanza y rencor.

Echan viejos equipajes al olvido,
se abrazan a sus monstruos,
y tigres, serpientes y toros
hacen reverencia a su soledad.

Es enterrar un muerto y echarle cal,
cuidar que no reviva más,
y se vigilan ellos mismos
de no desenterrar al chacal.

Vienen lluvias y tormentas
días grises y truenos espantosos,
ellos no dan un paso,
soportan firmes como robles.

Saben que son adictos al pasado
y sienten flaquezas de voluntad,
su deseo es más fuerte que su razón
pero ellos lloran antes que regresar.

Se desarman desde su interior,
se transfiguran con dolor,
se permiten intervenir
y abandonan todo lo que creyeron ser.

Se quedan solos y desnudos
no son más que luz originaria,
rezan y murmuran cantos milenarios
el pecho les retumba.

Ellos se reconocen en las calles,
se camuflan en la multitud,
llevan una vela encendida
que los guía en su procesión.

De pronto el aire les trae una voz,
que les canta en el pecho y siembra una flor,
se desdoblan desde otra dimensión,
no pueden detener su transformación.

¿En qué se han convertido?
En extraños incompletos
que buscan sus pedazos
para ya no volver.

Contenido

Contenido

Contenido

Este libro se terminó de imprimir
en los talleres Groppe en
Guadalajara, México en octubre de 2018
y fue compuesto en Garamond Pro 9.5/11.5

El cuidado de la edición y el diseño
estuvieron a cargo de
Emilingua y Cícero.

México, MMXVIII

www.ingramcontent.com/pod-product-compliance
Lightning Source LLC
La Vergne TN
LVHW051507170726
843492LV00002B/843